JENNY E O FIASCO DA MOSCA DA FRUTA

Solução de problemas

Marcy Schaaf

Português

JENNY AND THE FRUIT FLY FIASCO

Problem Solving

Marcy Schaaf

Portuguese

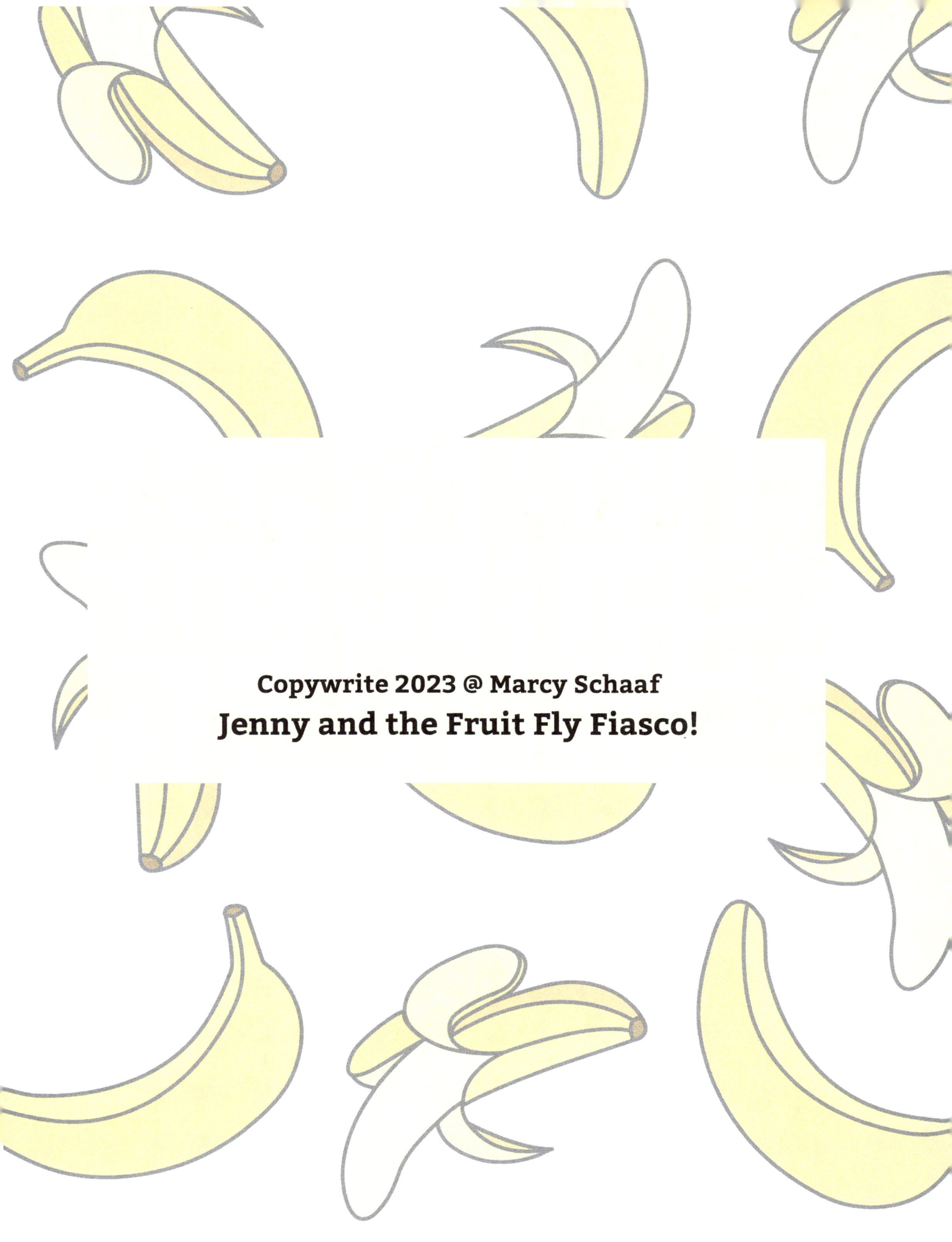
Copywrite 2023 @ Marcy Schaaf
Jenny and the Fruit Fly Fiasco!

This book belongs to

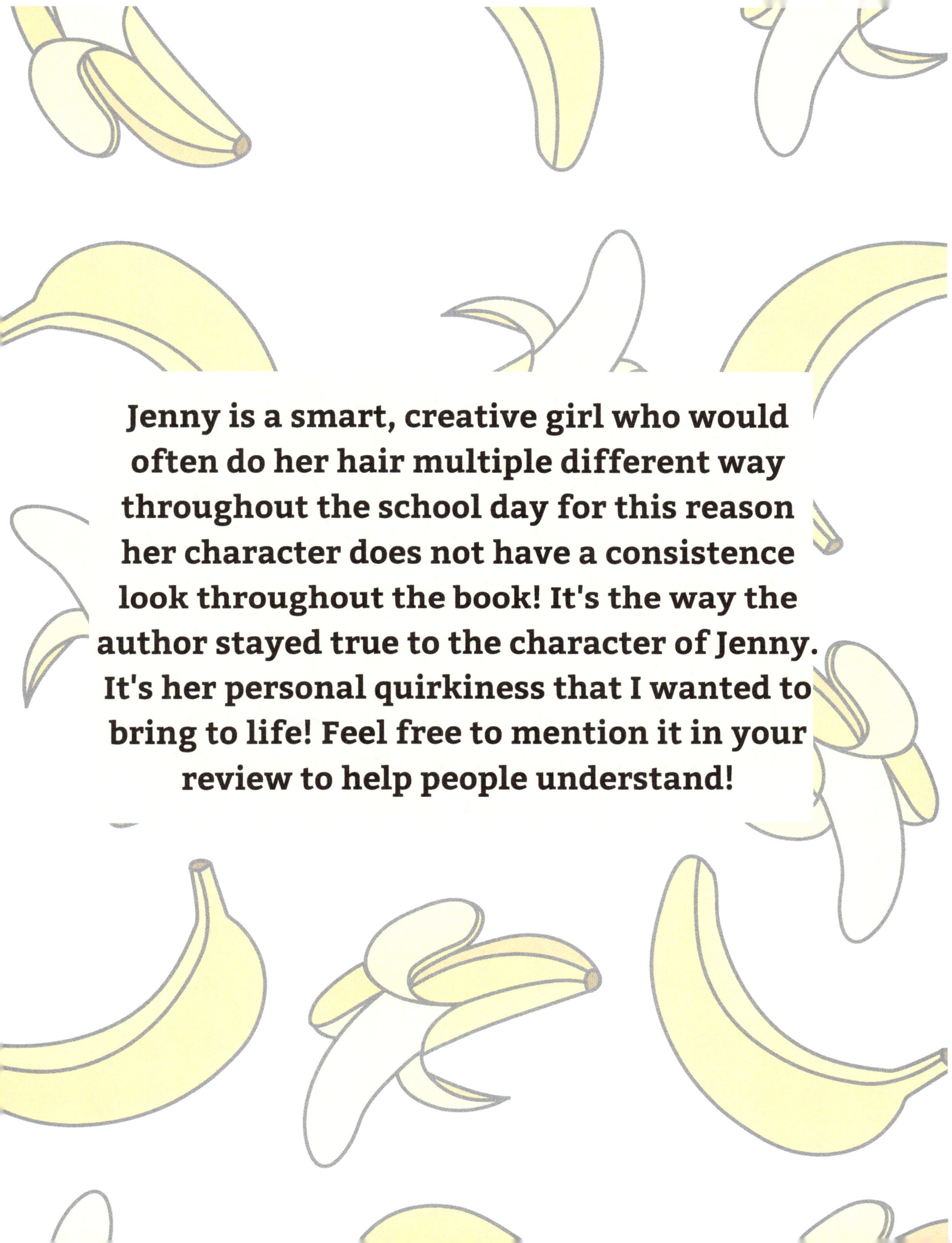

Jenny is a smart, creative girl who would often do her hair multiple different way throughout the school day for this reason her character does not have a consistence look throughout the book! It's the way the author stayed true to the character of Jenny. It's her personal quirkiness that I wanted to bring to life! Feel free to mention it in your review to help people understand!

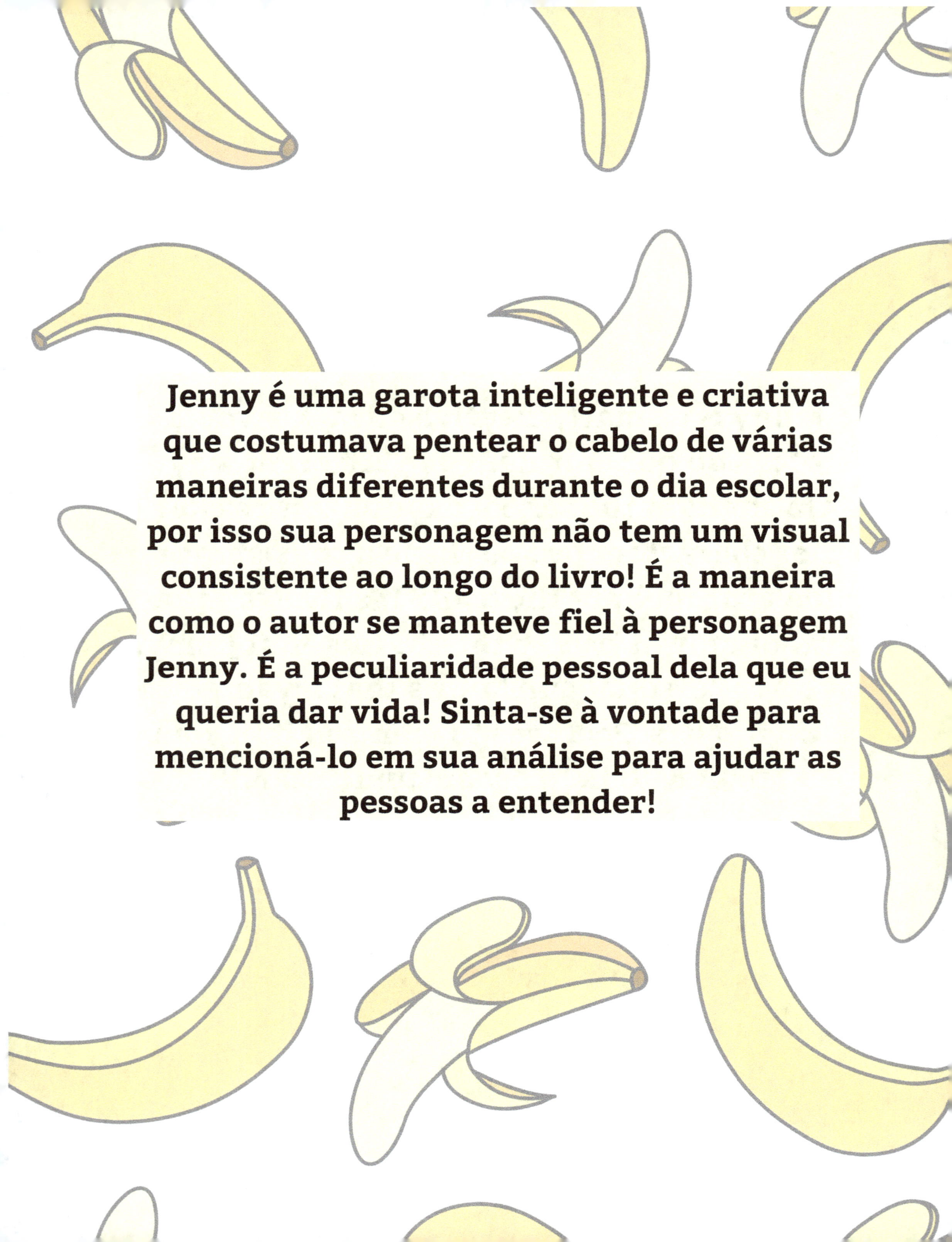

Jenny é uma garota inteligente e criativa que costumava pentear o cabelo de várias maneiras diferentes durante o dia escolar, por isso sua personagem não tem um visual consistente ao longo do livro! É a maneira como o autor se manteve fiel à personagem Jenny. É a peculiaridade pessoal dela que eu queria dar vida! Sinta-se à vontade para mencioná-lo em sua análise para ajudar as pessoas a entender!

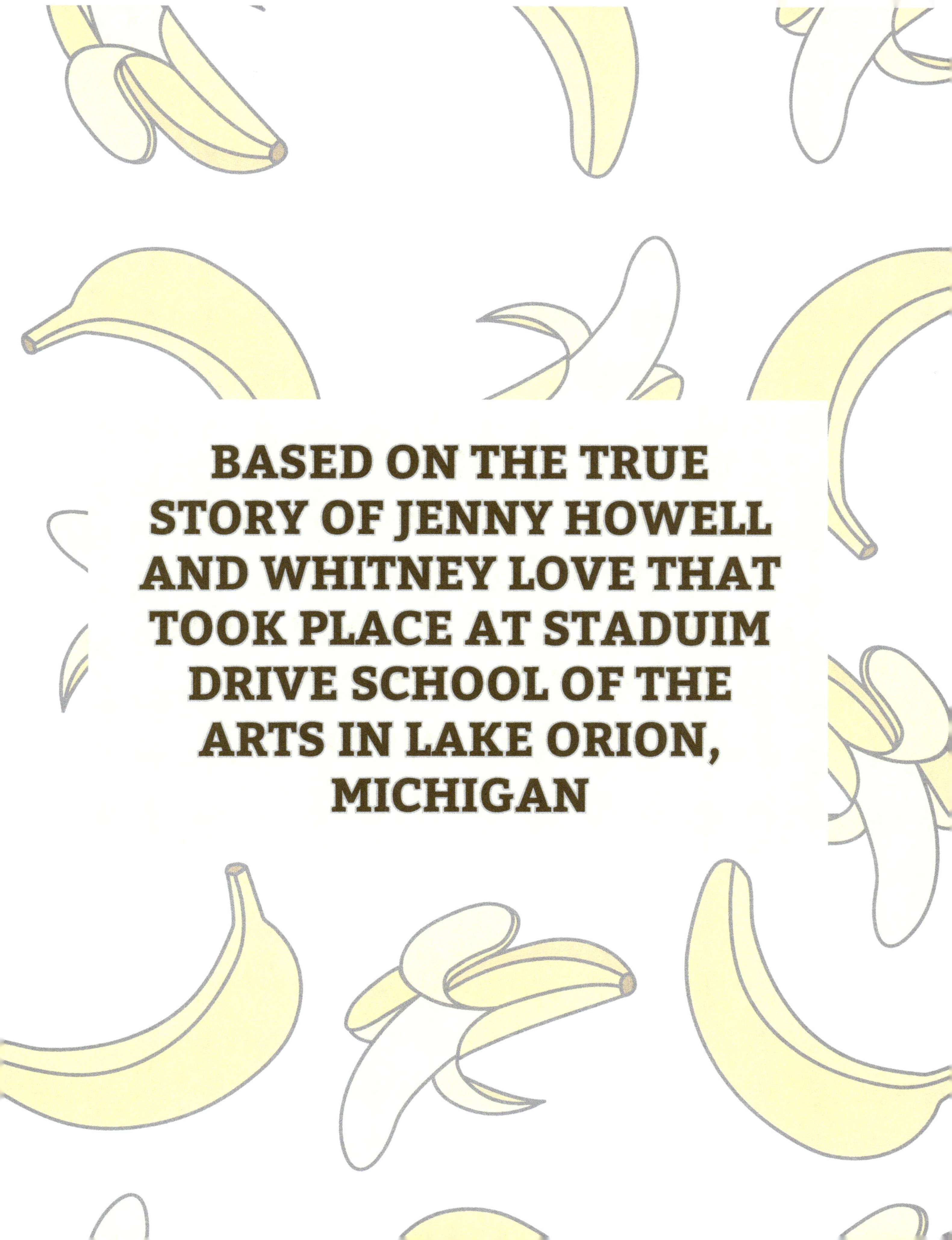
BASED ON THE TRUE STORY OF JENNY HOWELL AND WHITNEY LOVE THAT TOOK PLACE AT STADUIM DRIVE SCHOOL OF THE ARTS IN LAKE ORION, MICHIGAN

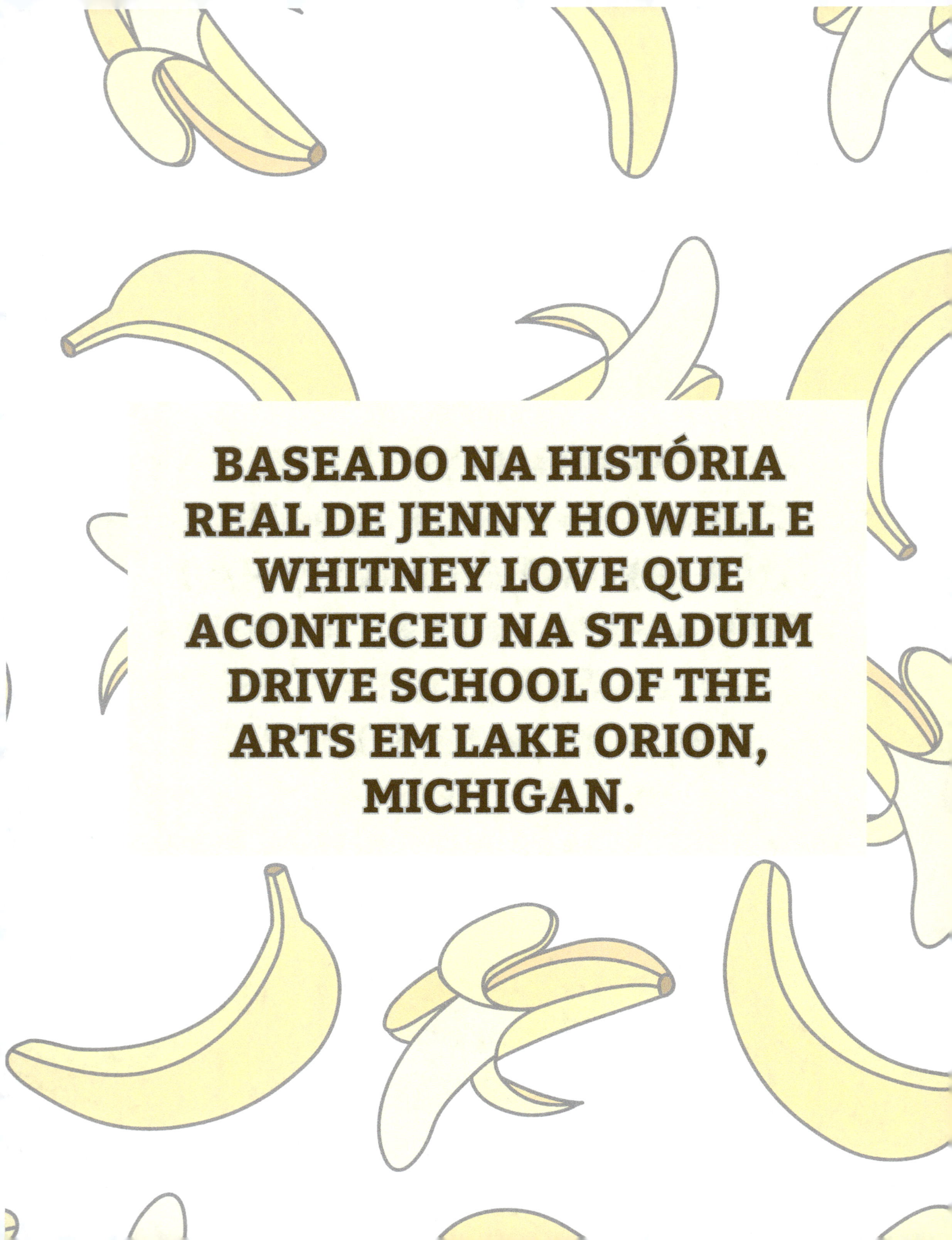

BASEADO NA HISTÓRIA REAL DE JENNY HOWELL E WHITNEY LOVE QUE ACONTECEU NA STADUIM DRIVE SCHOOL OF THE ARTS EM LAKE ORION, MICHIGAN.

DEDICATED TO JENNY HOWELL AND WHITNEY LOVE WHO ARE STILL BEST FRIENDS TODAY.

DEDICADO A JENNY HOWELL E WHITNEY LOVE, QUE AINDA HOJE SÃO MELHORES AMIGAS.

ONCE UPON A TIME IN A SCHOOL NAMED STADIUM, WAS A GIRL NAMED JENNY, HER DAY WAS RANDOM.

ERA UMA VEZ EM UMA ESCOLA CHAMADA
STADIUM, UMA GAROTA CHAMADA
JENNY, SEU DIA ERA ALEATÓRIO.

JENNY WAS BUSY,
SHE HAD SO MUCH TO DO,
BUT A BANANA SHE FORGOT IN HER
LOCKER, OOPS, THAT'S TRUE!

JENNY ESTAVA OCUPADA, ELA TINHA TANTA COISA PARA FAZER, MAS UMA BANANA ELA ESQUECEU NO ARMÁRIO, OPA, É VERDADE!

THE WEEKEND WENT BY,
DAYS TURNED INTO NIGHT,
AND A FRUITY SURPRISE WAITED,
OUT OF SIGHT.

O FIM DE SEMANA PASSOU, OS DIAS VIRARAM NOITE, E UMA SURPRESA FRUTADA ESPERAVA, FORA DE VISTA.

MONDAY MORNING CAME,
JENNY OPENED HER DOOR,
FRUIT FLIES SWARMED OUT;
SHE COULDN'T TAKE IT ANYMORE!

SEGUNDA-FEIRA DE MANHÃ CHEGOU,
JENNY ABRIU A PORTA, MOSCAS DA
FRUTA ENXAMEARAM;
ELA NÃO AGUENTAVA MAIS!

BUZZING AROUND HER BOOKS,
BUZZING IN THE AIR,
JENNY WAS EMBARRASSED,
IT JUST WASN'T FAIR.

ZUMBINDO EM TORNO DE SEUS LIVROS, ZUMBINDO NO AR, JENNY FICOU ENVERGONHADA, SIMPLESMENTE NÃO ERA JUSTO.

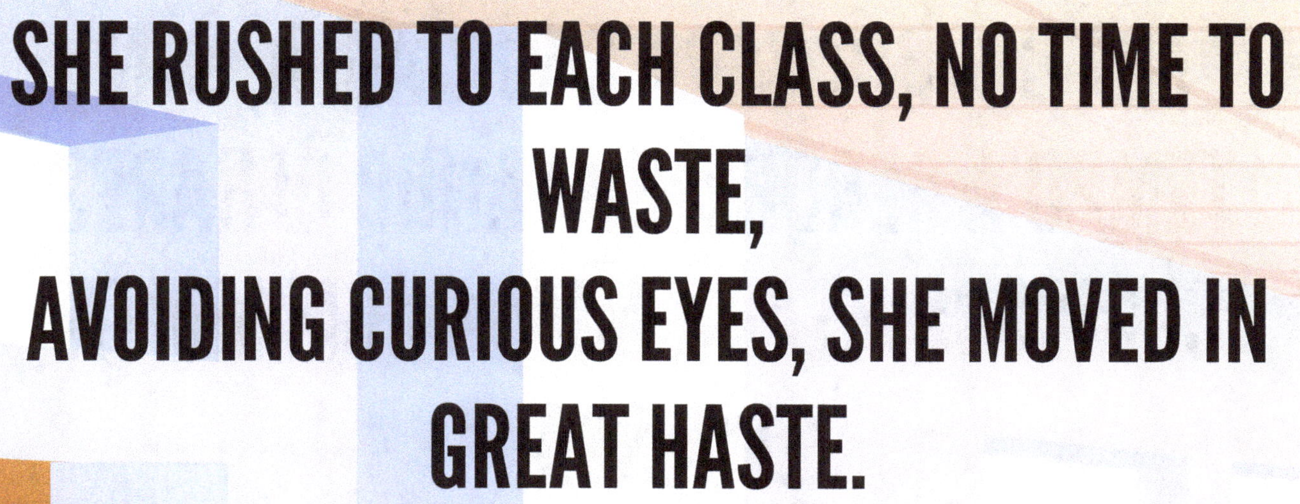

SHE RUSHED TO EACH CLASS, NO TIME TO WASTE,
AVOIDING CURIOUS EYES, SHE MOVED IN GREAT HASTE.

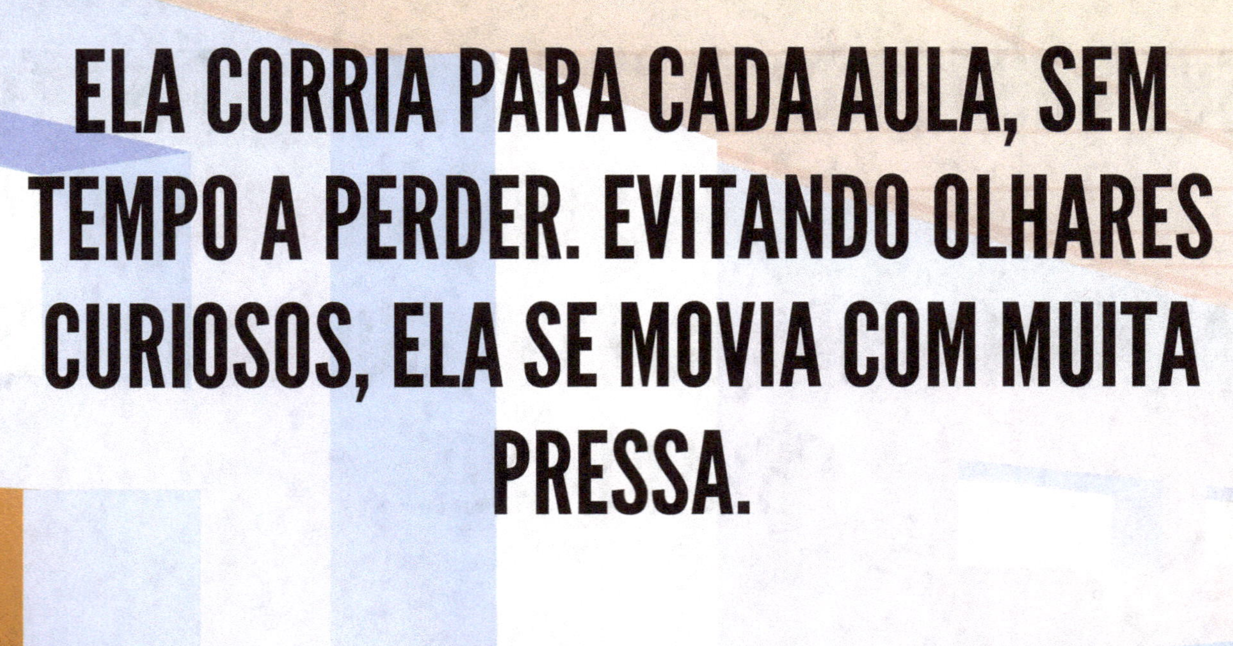

ELA CORRIA PARA CADA AULA, SEM TEMPO A PERDER. EVITANDO OLHARES CURIOSOS, ELA SE MOVIA COM MUITA PRESSA.

"MAY I HAVE A HALL PASS?"
JENNY ASKED WITH A GRIN,
SHE NEEDED TO GET HER BOOKS
WITHOUT CHAOS WITHIN.

"POSSO TER UM PASSE DE CORREDOR?" JENNY PERGUNTOU COM UM SORRISO: ELA PRECISAVA PEGAR SEUS LIVROS SEM CAOS POR DENTRO.

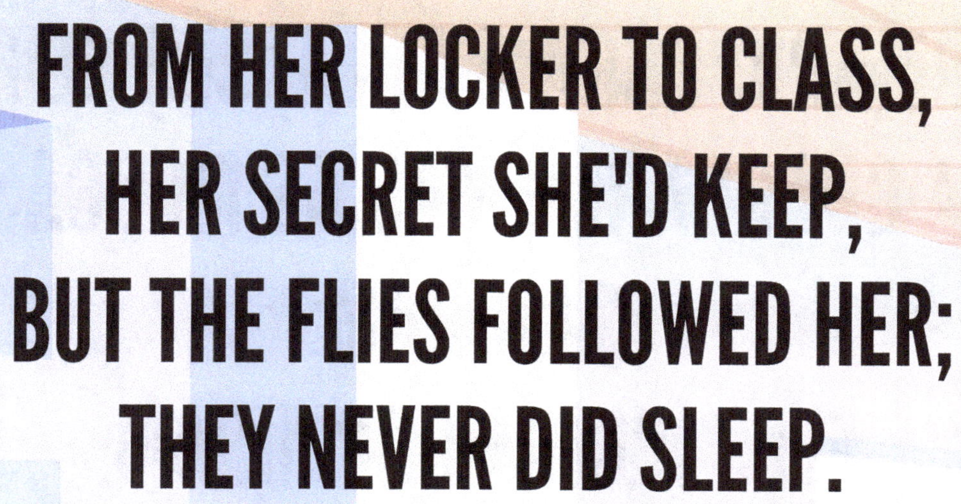

FROM HER LOCKER TO CLASS,
HER SECRET SHE'D KEEP,
BUT THE FLIES FOLLOWED HER;
THEY NEVER DID SLEEP.

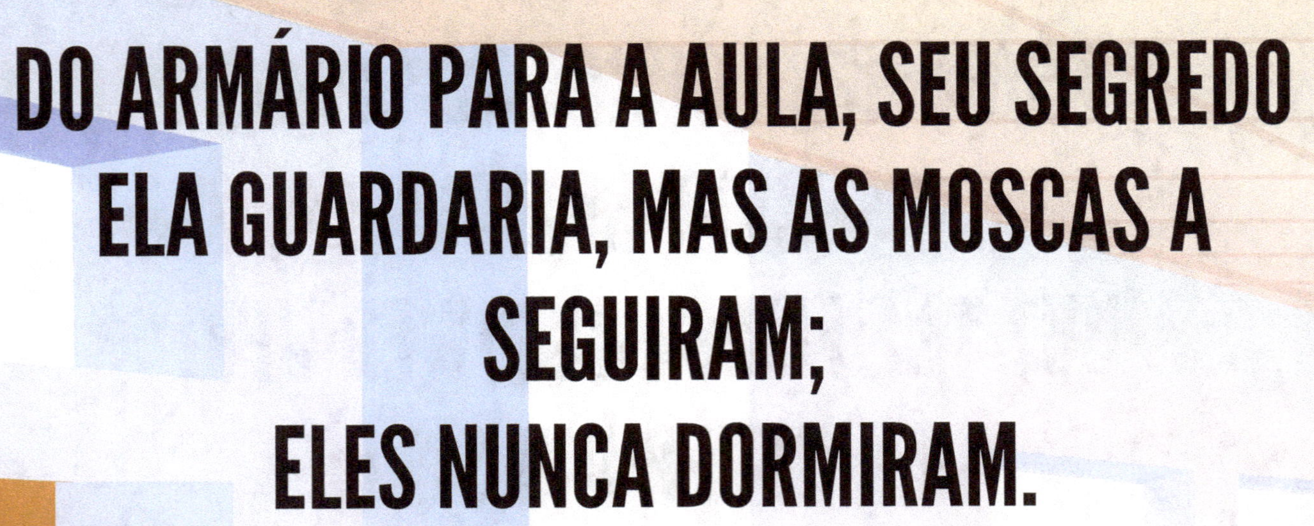

DO ARMÁRIO PARA A AULA, SEU SEGREDO ELA GUARDARIA, MAS AS MOSCAS A SEGUIRAM;
ELES NUNCA DORMIRAM.

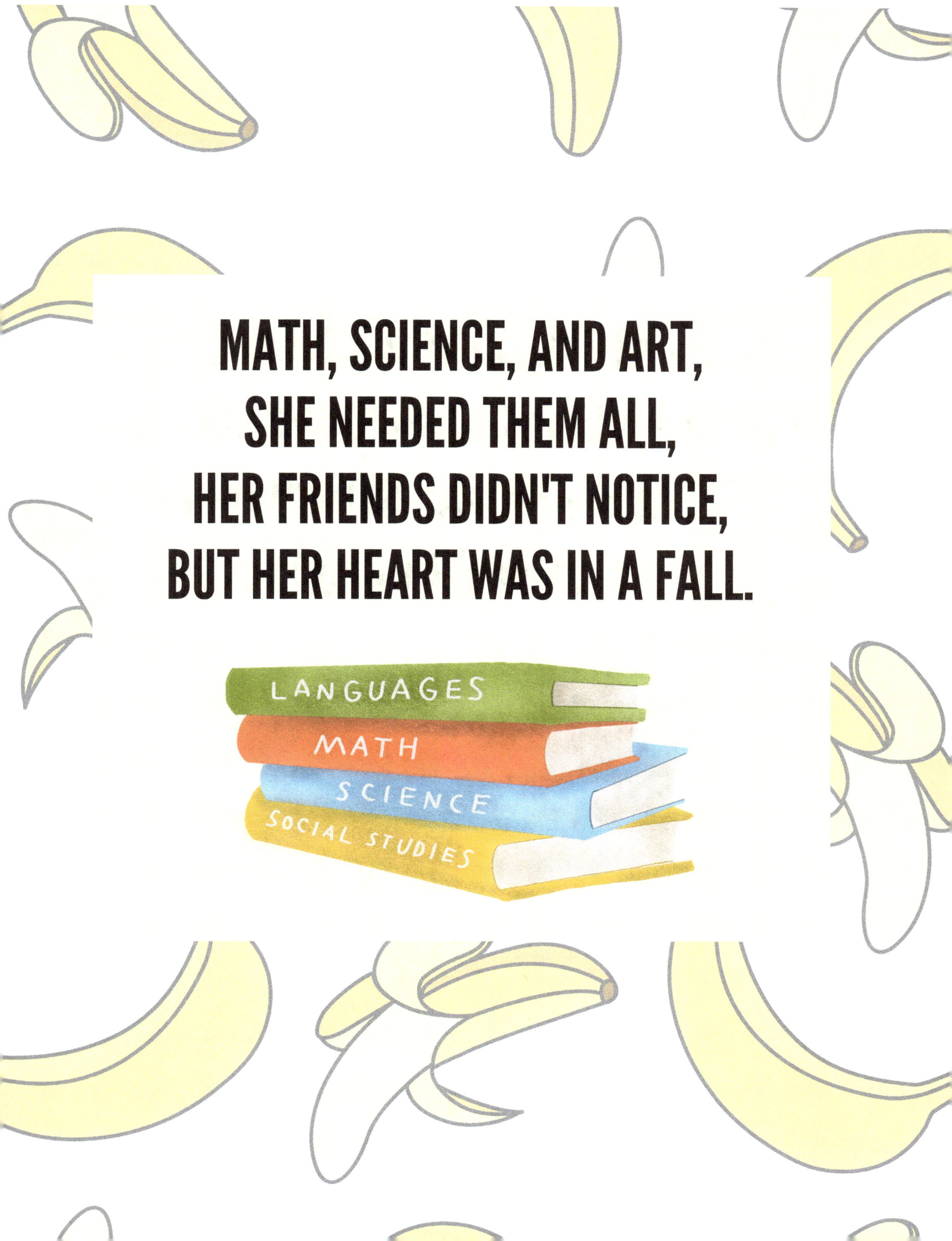

MATH, SCIENCE, AND ART,
SHE NEEDED THEM ALL,
HER FRIENDS DIDN'T NOTICE,
BUT HER HEART WAS IN A FALL.

LANGUAGES
MATH
SCIENCE
SOCIAL STUDIES

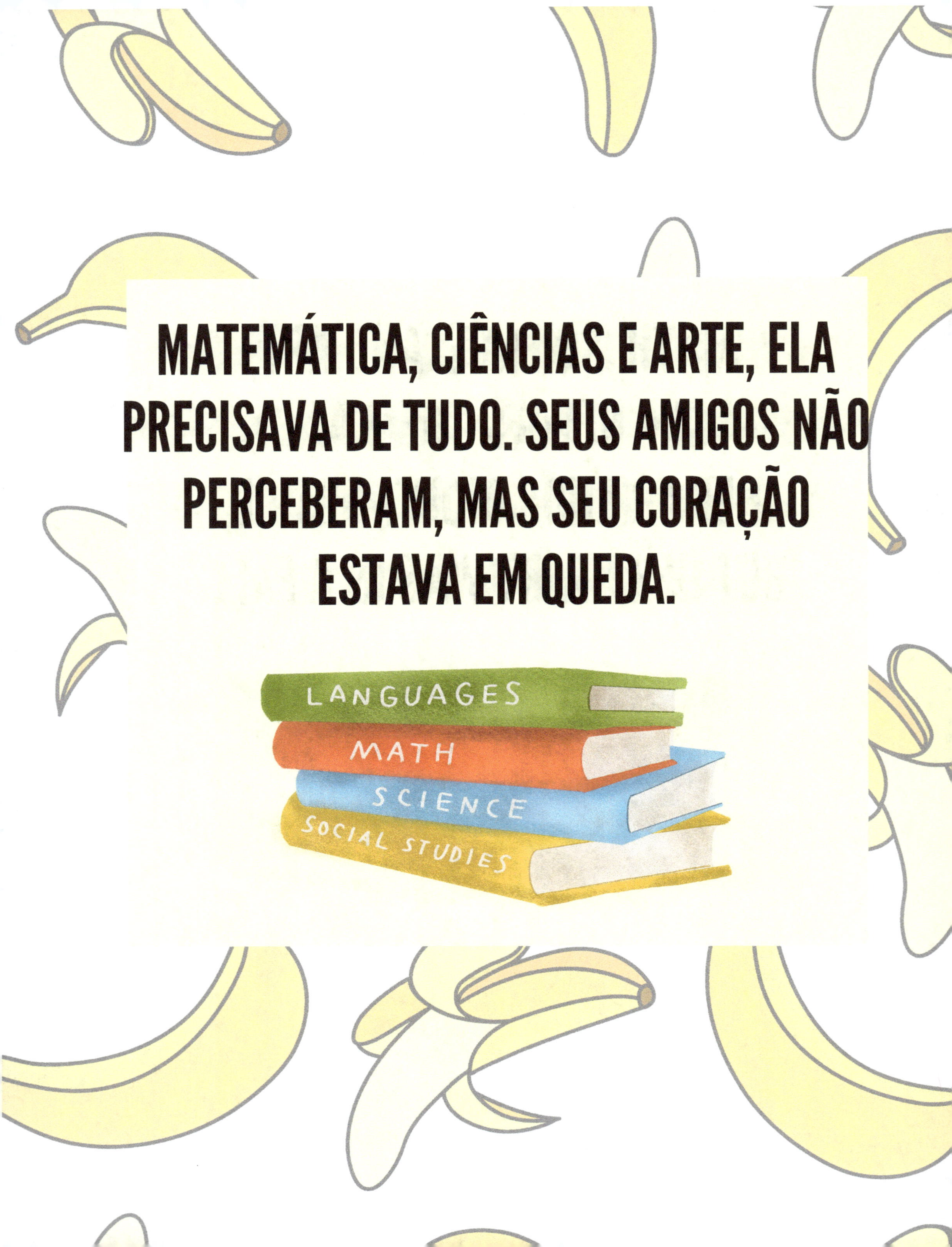

MATEMÁTICA, CIÊNCIAS E ARTE, ELA PRECISAVA DE TUDO. SEUS AMIGOS NÃO PERCEBERAM, MAS SEU CORAÇÃO ESTAVA EM QUEDA.
LANGUAGES
MATH
SCIENCE
SOCIAL STUDIES

JENNY'S BEST FRIEND WHITNEY,
SO SMART AND SO KIND,
SENSED SOMETHING WAS WRONG,
SHE HAD A GREAT MIND.

A MELHOR AMIGA DE JENNY, WHITNEY, TÃO INTELIGENTE E GENTIL, SENTIU QUE ALGO ESTAVA ERRADO, ELA TINHA UMA MENTE EXCELENTE.

AT LUNCHTIME, JENNY WHISPERED HER WOE TO HER FRIEND, WHITNEY SAID, "WE CAN FIX THIS, THERE'S NO NEED TO PRETEND!"

NA HORA DO ALMOÇO, JENNY SUSSURROU SUA TRISTEZA PARA A AMIGA, WHITNEY DISSE: "PODEMOS CONSERTAR ISSO, NÃO HÁ NECESSIDADE DE FINGIR!"

THEY GOT A BIG JAR AND
A NET OH SO THIN,
WHITNEY SWIPED THOSE FRUIT FLIES
WITH A DETERMINED GRIN.

ELES PEGARAM UM POTE GRANDE E UMA REDE TÃO FINA QUE WHITNEY BATEU NAQUELAS MOSCAS DA FRUTA COM UM SORRISO DETERMINADO.

**JENNY AND WHITNEY,
A TRUE TEAM INDEED,
CAUGHT ALL THE FRUIT FLIES;
THEY DIDN'T LET THEM PROCEED.**

JENNY E WHITNEY, UMA VERDADEIRA EQUIPE, PEGARAM TODAS AS MOSCAS DA FRUTA;
ELES NÃO OS DEIXARAM PROSSEGUIR.

THE LOCKER WAS EMPTY,
THE FLIES WERE NO MORE,
JENNY COULD ACCESS HER BOOKS
LIKE NEVER BEFORE.

O ARMÁRIO ESTAVA VAZIO, AS MOSCAS NÃO EXISTIAM MAIS, JENNY PODIA ACESSAR SEUS LIVROS COMO NUNCA ANTES.

JENNY WAS GRATEFUL,
WITH A SMILE ON HER FACE,
FOR HER WONDERFUL FRIEND,
IN ANY TIME OR PLACE.

JENNY ESTAVA GRATA, COM UM SORRISO NO ROSTO, POR SUA AMIGA MARAVILHOSA, EM QUALQUER HORA OU LUGAR.

WITH THE SECRET OUT AND
THE LOCKER ALL CLEAR,
JENNY AND WHITNEY'S FRIENDSHIP
GREW STRONG, NO FEAR.

COM O SEGREDO REVELADO E O ARMÁRIO LIMPO, A AMIZADE DE JENNY E WHITNEY FICOU FORTE, SEM MEDO.

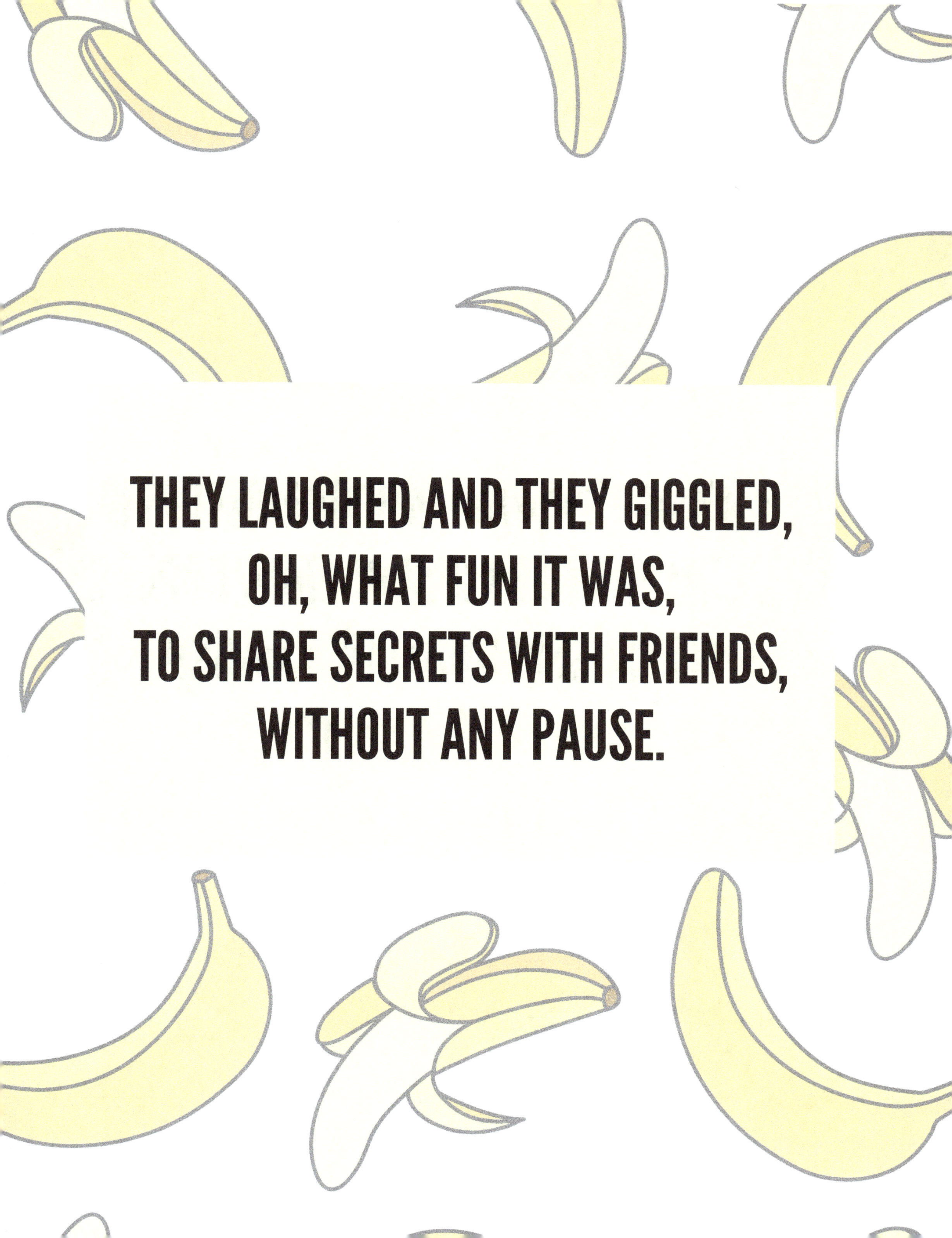
THEY LAUGHED AND THEY GIGGLED,
OH, WHAT FUN IT WAS,
TO SHARE SECRETS WITH FRIENDS,
WITHOUT ANY PAUSE.

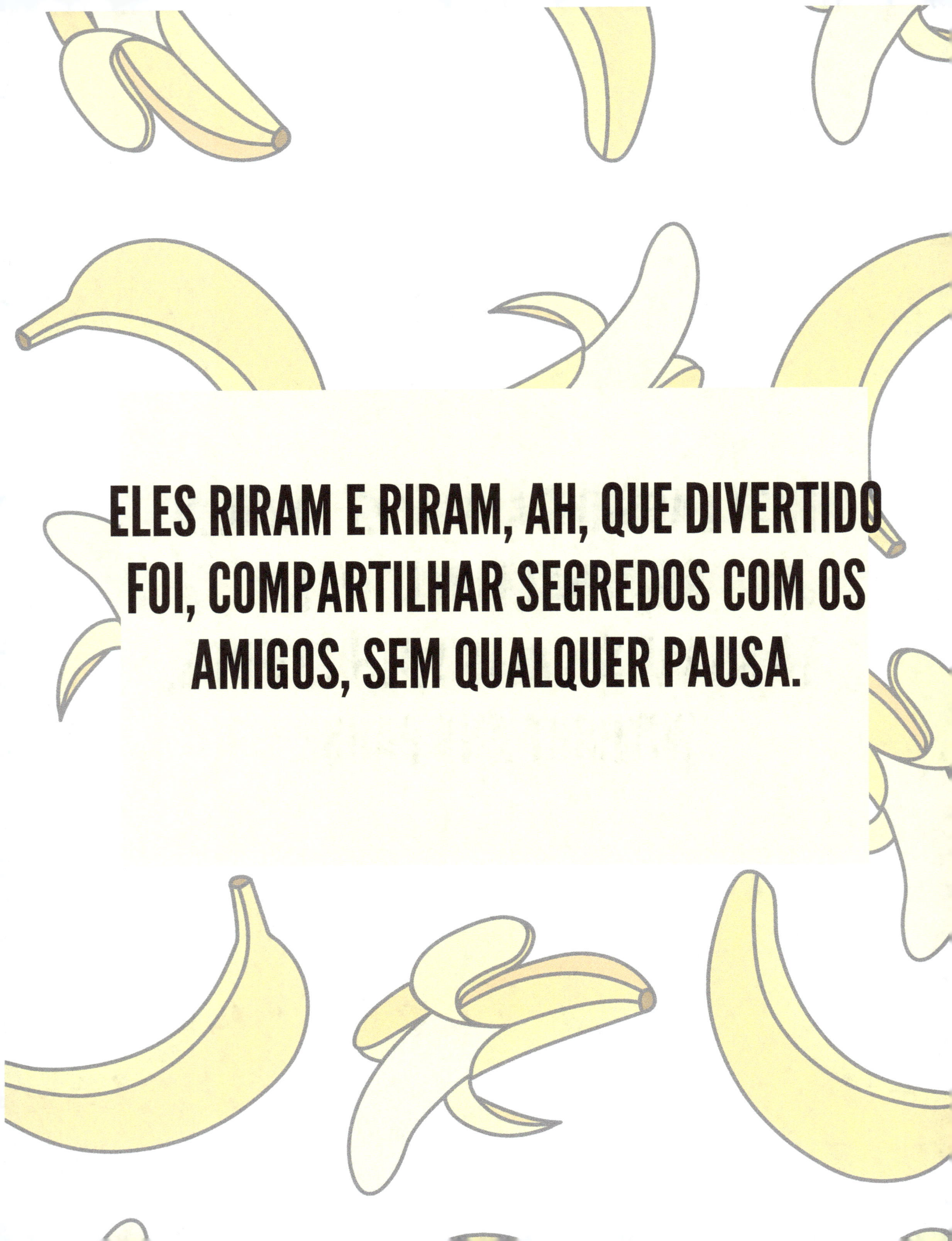
ELES RIRAM E RIRAM, AH, QUE DIVERTIDO FOI, COMPARTILHAR SEGREDOS COM OS AMIGOS, SEM QUALQUER PAUSA.

JENNY LEARNED A LESSON,
IT'S ESSENTIAL TO SEE,
TRUE FRIENDS HELP YOU OUT,
AND THEY'LL DO IT WITH GLEE.

JENNY APRENDEU UMA LIÇÃO, É ESSENCIAL VER, AMIGOS VERDADEIROS AJUDAM VOCÊ E FARÃO ISSO COM ALEGRIA.

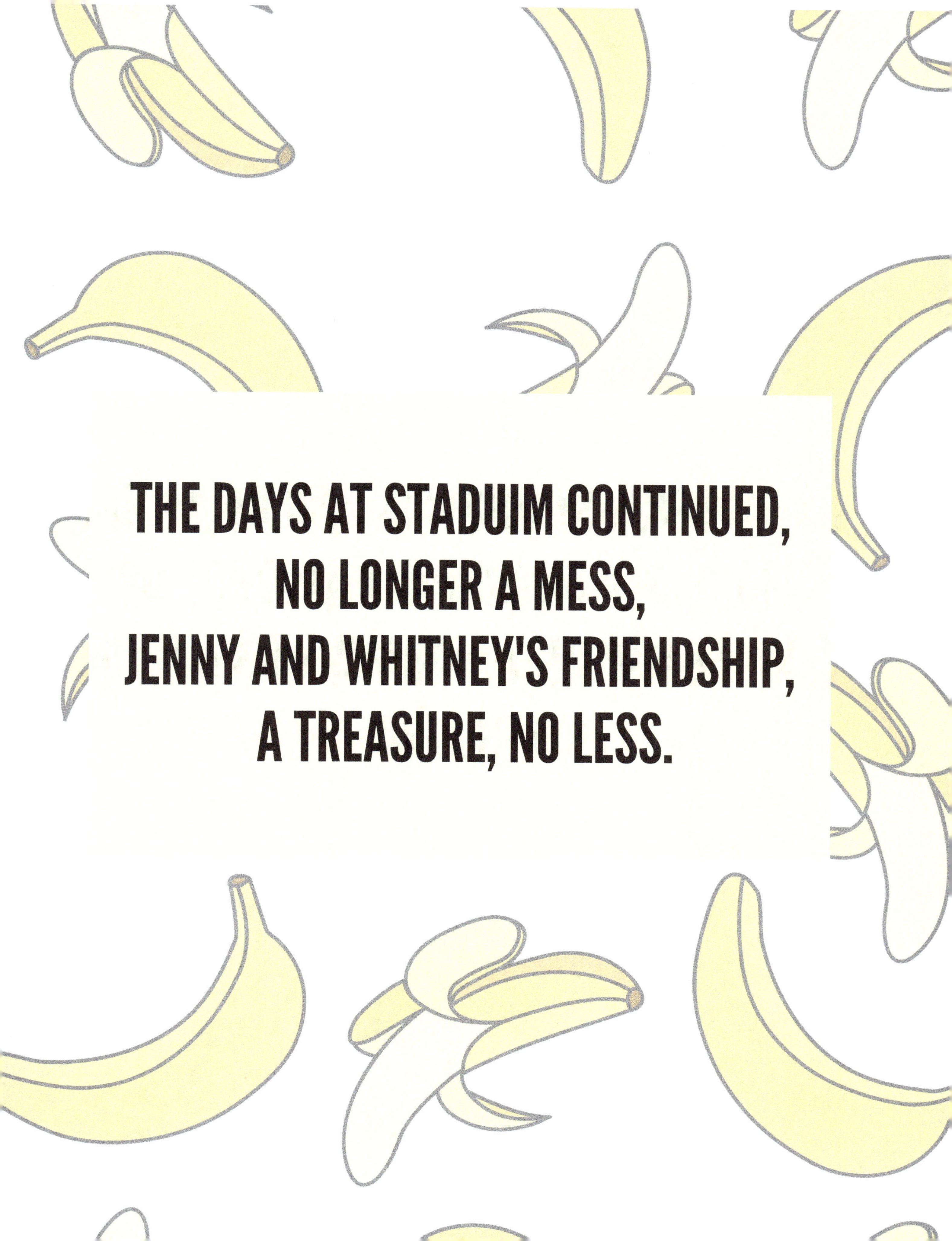
THE DAYS AT STADUIM CONTINUED,
NO LONGER A MESS,
JENNY AND WHITNEY'S FRIENDSHIP,
A TREASURE, NO LESS.

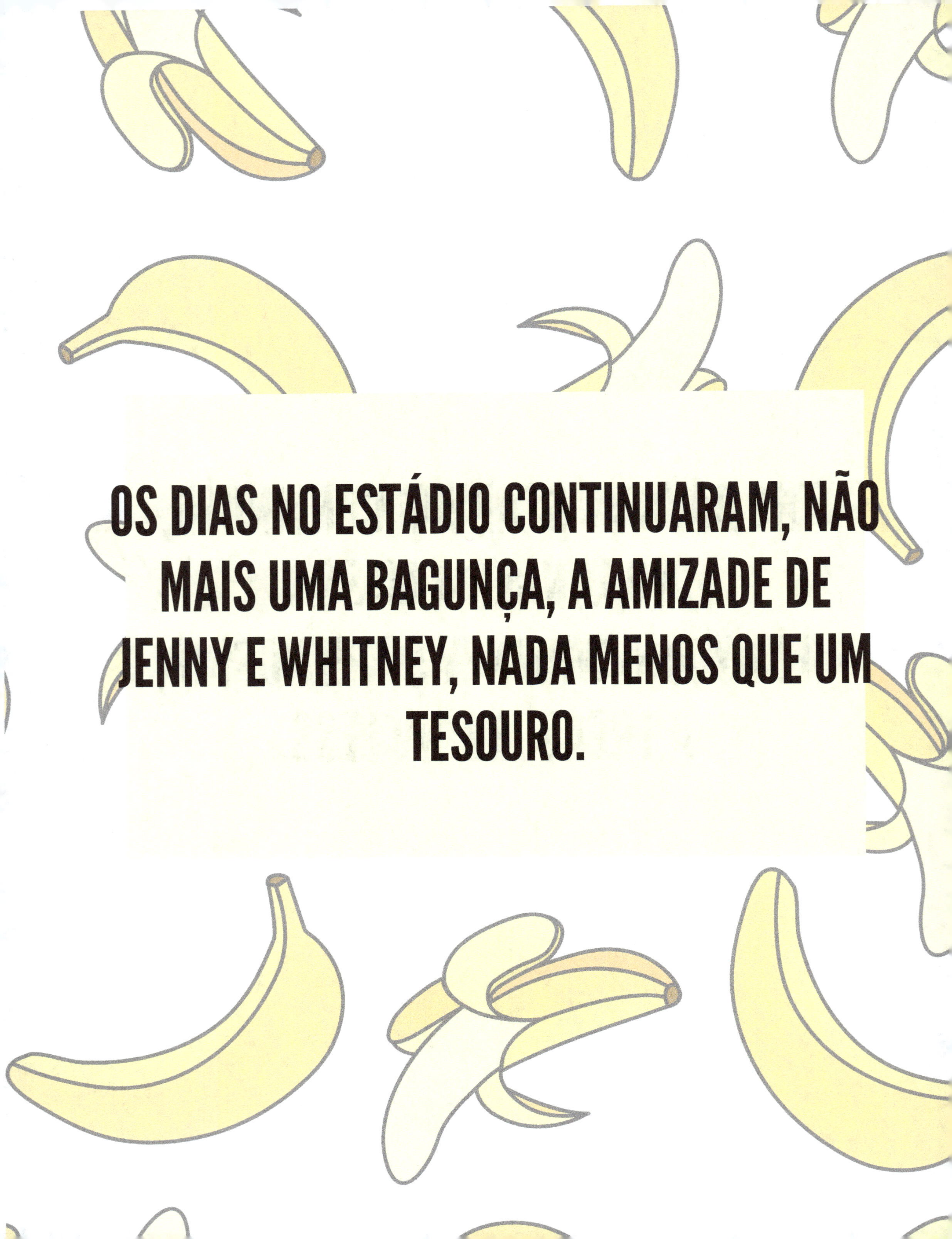

OS DIAS NO ESTÁDIO CONTINUARAM, NÃO MAIS UMA BAGUNÇA, A AMIZADE DE JENNY E WHITNEY, NADA MENOS QUE UM TESOURO.

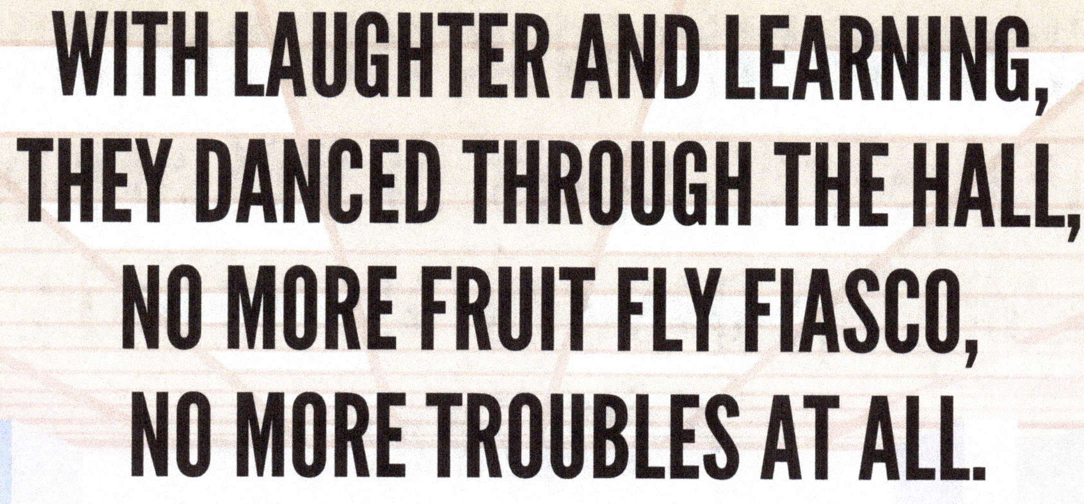

WITH LAUGHTER AND LEARNING,
THEY DANCED THROUGH THE HALL,
NO MORE FRUIT FLY FIASCO,
NO MORE TROUBLES AT ALL.

RINDO E APRENDENDO, ELES DANÇARAM PELO SALÃO. CHEGA DE FIASCO COM MOSCAS-DAS-FRUTAS, CHEGA DE PROBLEMAS.

SO REMEMBER, DEAR CHILDREN,
THE STORY SO BRIGHT,
FRIENDS STAND BY YOUR SIDE,
IN THE DAY AND THE NIGHT.

ENTÃO LEMBREM-SE, QUERIDOS FILHOS, DA HISTÓRIA TÃO BRILHANTE. OS AMIGOS ESTÃO AO SEU LADO, DIA E NOITE.

WITH FRIENDS LIKE DEAR WHITNEY, YOU'LL NEVER FEEL BLUE, JUST LIKE JENNY, WHO LEARNED THAT FRIENDSHIP IS TRUE.

COM AMIGOS COMO A QUERIDA WHITNEY, VOCÊ NUNCA SE SENTIRÁ TRISTE, ASSIM COMO JENNY, QUE APRENDEU QUE A AMIZADE É VERDADEIRA.

IN THE SCHOOL OF YOUR DREAMS,
WHERE ADVENTURES AWAIT,
KEEP YOUR HEART OPEN,
FOR FRIENDS ARE FIRST-RATE.

NA ESCOLA DOS SEUS SONHOS, ONDE AS AVENTURAS O AGUARDAM, MANTENHA O CORAÇÃO ABERTO, POIS OS AMIGOS SÃO DE PRIMEIRA LINHA.

AND JUST LIKE OUR JENNY,
YOU'LL FIND YOUR OWN WAY,
IN THE BRIGHT WORLD OF LEARNING,
WHERE YOU'LL GROW EVERY DAY.

E ASSIM COMO A NOSSA JENNY, VOCÊ ENCONTRARÁ SEU PRÓPRIO CAMINHO, NO BRILHANTE MUNDO DO APRENDIZADO, ONDE CRESCERÁ A CADA DIA.

SO LET'S ALL BE LIKE JENNY,
KIND, BRAVE, AND SMART,
WITH FRIENDS BY OUR SIDE,
WE'LL EACH DO OUR PART.

ENTÃO, SEJAMOS TODOS COMO JENNY, GENTIS, CORAJOSOS E INTELIGENTES. COM OS AMIGOS AO NOSSO LADO, CADA UM FARÁ A SUA PARTE.

WITH LAUGHTER AND LOVE,
AND LESSONS SO GRAND,
YOU'LL HAVE THE BEST TIMES IN THIS
WONDERFUL LAND.

COM RISOS E AMOR, E LIÇÕES TÃO GRANDIOSAS, VOCÊ TERÁ OS MELHORES MOMENTOS NESTA TERRA MARAVILHOSA.

THANK YOU, BYE!

OBRIGADO, TCHAU!

WHITNEY
JENNY

CARNIVAL RADIANCE
Carnival Radiance
Carnival